Para

De:

Dirección de arte: Trini Vergara
Diseño: Raquel Cané
Pinturas: © Superstock
Edición: Lidia María Riba
Colaboración editorial:
Cristina Alemany - Enriqueta Naón Roca - Mercedes Olcese

Las editoras agradecen a los editores, autores y agentes literarios la autorización para publicar material con derechos. Si se hubieran cometido errores u omisiones, estarán complacidas de hacer las aclaraciones necesarias en las próximas ediciones.

ARGENTINA: Ayacucho 1920 Buenos Aires (C1112AAJ)
Tel./Fax: (54-11) 4807-4664 y rotativas
e-mail: editoras@vergarariba.com.ar

MÉXICO: Galileo 100, Colonia Polanco, Chapultepec,
11560, México D.F.
Tel./Fax: (5255) 5220-6620/21 • 5281-4187/8451/8453
e-mail: editoras@vergarariba.com.mx

ISBN 987-9338-73-1

Fotocromía: DTP Ediciones, Buenos Aires, Argentina

Impreso en China por AVA Book Production Pte. Ltd., Singapore
Printed in China

Disfruta tus logros / compilado por: Lidia María Riba.
1ª ed 2ª reimp. – Buenos Aires: Vergara & Riba, 2005.
48 p.; 18 x 13 cm. – (Regalo)

ISBN 987-9338-73-1

1. Libro de Frases.
I. Riba, Lidia María, comp.
II. Título
CDD 808.882

Disfruta
tus logros

V&R
EDITORAS

EL CONCEPTO DE ÉXITO ES DIFERENTE PARA CADA PERSONA. PARA
algunos consiste en alcanzar ciertas metas: un título universitario,
un ascenso en el trabajo, la independencia laboral de un
emprendimiento propio, bienes materiales. Para otros, el éxito
puede ser la excelencia en el transcurrir de la propia vida: dar lo
mejor de sí en la sencilla tarea cotidiana, conformar una familia
unida o esforzarse para el desarrollo de un deporte. Las posi-
bilidades son muchas y variadas. El secreto está en el interior de
cada uno: depende de los deseos más íntimos, de lo que nos haga
felices. En el lugar en el que nos toque estar, dando impulso a la
voluntad, todos somos diseñadores de nuestros propios triun-
fos. Pero, para poder seguir recorriendo ese camino de éxito, será
necesario también –casi indispensable– detenerse, mirar atrás y
darse el merecido tiempo para disfrutar de los logros obtenidos.

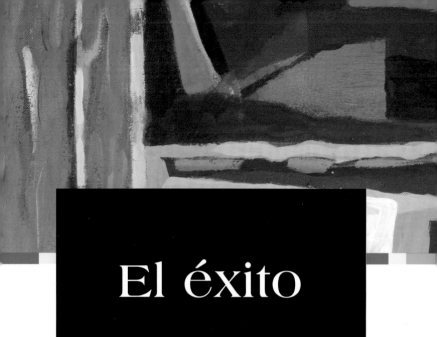

El éxito

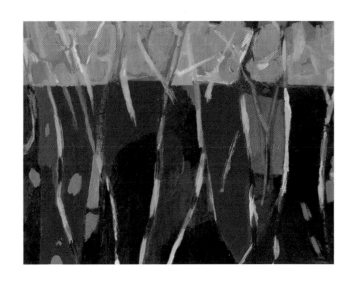

El éxito es conquistar lo que se desea.
La felicidad es apreciar
lo que ya se ha conquistado.
Napoleón Hill

El éxito se construye superando
debilidades. Cada historia de éxito
es la historia de un valor,
de un compromiso con algo más elevado.
Frederick Harmon

Hubo quienes lograron el éxito
porque se animaron a creer que algo
dentro de sí mismos era superior
a las circunstancias que los rodeaban.
Bruce Barton

El éxito es algo más parecido a un viaje

que a un lugar de destino.

Lo mejor es saborear el trayecto.

El único éxito que vale
la pena es el que está
en sintonía con la propia idiosincrasia...
¿qué es el talento sino el arte de ser
por completo uno mismo?
Henry James

Pon tu corazón, tu mente, tu intelecto
y tu alma aun en tus más pequeños actos.
Ese es el secreto del éxito.
Swami Sivananda

Crea tu propia definición de éxito. Si estás haciendo aquello que amas, enorgullécete. Si no lo estás haciendo, pregúntate por qué.
Kim Goad

Mi consejo es mantenerse fiel a uno mismo, no tratar de que la ambición por alcanzar el éxito nos haga imitar el éxito de otros. Cada uno debe encontrarlo a su manera.
Harrison Ford

La felicidad es ese estado de conciencia que deriva del logro de nuestras virtudes.
Ayn Rand

No se alcanza el éxito por casualidad. Lo obtenido es fruto del esfuerzo, de la propia capacidad, pero rara vez se trata de un logro individual. Casi nunca se llega al objetivo en soledad. En el trayecto recorrido y en el que aún falta transitar muchas personas nos han brindado su ayuda, su tiempo, su aliento, su consejo. Familiares, amigos, colegas, compañeros de trabajo... Nosotros mismos habremos sido seguramente partícipes de los logros de otros.

La generosidad puede manifestarse de múltiples formas: tender la mano en retribución, agradecer, ayudar a otros que quieran lanzarse al ruedo para comenzar a luchar por sus sueños.

En cualquier actividad desarrollada, el éxito no debería aislar sino agrupar. Hay mucho para compartir con los demás en este movimiento continuo de entregar y recibir.

Compartir
el éxito

El pensamiento de la persona que ha alcanzado el éxito es "yo gano-tú ganas". Tiene una mentalidad generosa. Cree que hay mucho para todos. No piensa que para que una persona triunfe, otra deba fracasar.
Stephen Covey

El triunfo no es completo si se disfruta en soledad.
Teo Cortés

Cuando bebas agua, recuerda la fuente.
Proverbio chino

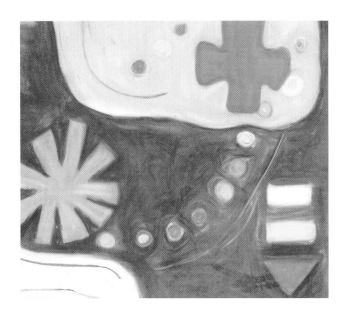

Un hombre de éxito es aquel que recibe mucho
de sus pares, en general, incomparablemente
más de lo que le corresponde por los servicios
que les ha prestado. Sin embargo, el valor
de un hombre debería verse en lo que da,
y no en lo que es capaz de recibir.
Albert Einstein

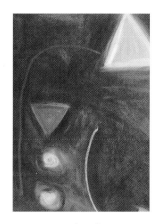

El mayor bien
que se puede hacer
a alguien no es compartir con él nuestra
riqueza, sino revelarle las suyas propias.
Benjamín Disraeli

El que ha sido favorecido otorga
su benevolencia a otros, a cambio de lo que
recibió. Y al hacerlo, obra con justicia
Aristóteles

¿Y qué beneficio traería la prosperidad
si no se tuviera a alguien que pueda gozar
de ella a la par de nosotros? En efecto,
la amistad le confiere al éxito un esplendor
más vivo y alivia el peso de las adversidades
con la participación y la solidaridad.
Cicerón

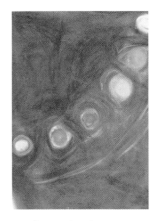

Es poco lo que das
cuando das de aquello
que posees. Es cuando
te das a ti mismo que verdaderamente das.
Khalil Gibran

Si sostenemos una antorcha para que ilumine
el camino a otros, no podremos evitar
que nuestro camino también se ilumine.

Ben Sweetland

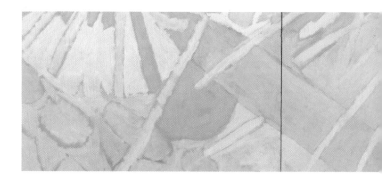

Hay hombres grandes que hacen a los demás
sentirse pequeños. Pero la verdadera grandeza
de un hombre consiste en hacer
que todos se sientan grandes.

Charles Dickens

Hagamos que quienes forman nuestro equipo
de trabajo, superiores o subordinados,
sean partícipes y no meros espectadores
de nuestros logros.
Carolina Armendáriz

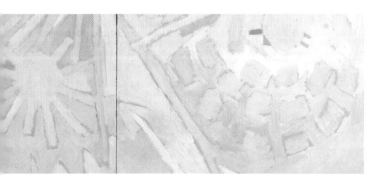

Aun cuando un premio sea para ti,
el reconocimiento debe hacerse extensivo
a todo tu equipo de trabajo.
Nunca triunfas solo.
Luc Adler

¿De qué vale vivir si no hacemos menos difícil la vida de los otros?
George Eliot

Ser exitoso significa que se tiene
una buena fortuna y una buena fortuna
son las buenas inclinaciones del alma,
los buenos impulsos, las buenas acciones.
Marco Aurelio

Cuando tú encuentres el camino,
otros te encontrarán a ti.
Tao Te Ching

Una persona exitosa sabe cuidar

sus relaciones personales y laborales,

y no cambiarlas ni olvidarlas como

consecuencia del camino que recorrió.

YA NO ES PRIORIDAD EL SACRIFICIO. HEMOS ALCANZADO ALGUNAS de nuestras metas, somos exitosos, y si bien es bueno seguir avanzando, no necesitamos esforzarnos tanto como en nuestros inicios. Un hombre muy rico narraba que, de vez en cuando, volvía a la casa de su infancia, muy humilde, simplemente para recordar de dónde había partido.

La memoria. La capacidad de detenerse a gozar del presente. El ejercicio de la alegría y el optimismo: actitudes que parecen obvias y, sin embargo, son infrecuentes.

Disfrutar de lo logrado: ¿qué otra actividad puede ser más importante después del esfuerzo? Sin ella, todo se volvería irrelevante y sin sentido.

Disfrutar de lo logrado: la capacidad de ejercer este derecho adquirido hará la diferencia entre alguien inmerso en una carrera incesante hacia ningún lado y una persona feliz.

Disfrutar y cuidarse más

No mires la existencia como una lucha,
sino como un placer; no como una guerra
o un conflicto, sino como una celebración.
Y la celebración es infinita.
Bhagwan Shree Rajneesh

Desde los tiempos antiguos, celebrar un triunfo
forma parte del propio ritual de la vida.
Paulo Coelho

Sentarse con un perro en una colina en una
tarde gloriosa es como regresar al paraíso donde
no hacer nada no era aburrido, era la paz.
Milan Kundera

No está mal, de vez en cuando,

irse por las ramas. Dicen que es allí

donde están los frutos...

Reírse
frecuentemente
y mucho. Saber
que por lo menos alguien pasó una vida mejor
porque tú exististe.
Ralph Waldo Emerson

El descanso no es indolencia. Así como
echarse en el pasto un día de verano
a escuchar el murmullo del agua y observar
el paso de las nubes flotando en el cielo,
no es perder el tiempo.
John Lubbock

El secreto de mi felicidad es tratar
las catástrofes como molestias
y no las molestias como catástrofes.
André Maurois

Tenemos la vida para gastarla,
no para ahorrarla.
D. H. Lawrence

La naturaleza no se apresura.
Sin embargo, todo se cumple.
Lao Tsé

El que besa la alegría
al pasar vive en el alba de la eternidad.
William Blake

Y en un instante el oro perdió su brillo,
pues había incontables tesoros del corazón
que el oro nunca podría comprar.
Charles Dickens

En busca del tiempo perdido...

Sería bueno rever el concepto de "perder" el tiempo. ¿Acaso es una pérdida de tiempo usar unos minutos para llamar a un amigo? Dedicar unos instantes a tomar distancia, sin estar pendientes de la agenda. Aprender a distinguir lo urgente de lo importante, lo inmediato de lo que se puede posponer. Poner un freno a los plazos perentorios y preguntarnos si no será lo mismo hacerlo más tarde o la semana próxima. Analizar si vale la pena perder momentos importantes. Hacer un alto para darse el lujo de la distensión y de no rendir cuentas a nadie por nuestros actos, sueños y deseos...

No quieras apoderarte
de las estrellas.
Las mejores cosas están
muy cerca: el aire
que respiras, la luz
en tus ojos, las flores a tus pies, las tareas
en tus manos y la huella de Dios frente a ti.

Robert Louis Stevenson

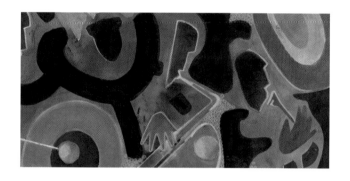

La vida no está gobernada
sólo por voluntades o intenciones. La vida
es una cuestión de nervios, fibras y células
donde la pasión esconde sus sueños.
Oscar Wilde

Recomendaciones sencillas
para combatir el estrés

Generar un clima apacible en casa
y en el lugar de trabajo.
Sonreír a la gente.
No comprometerse con una tarea
que no se pueda cumplir.
Evitar realizar un trabajo en un plazo
poco razonable de tiempo.
Recordar que lo perfecto
es enemigo de lo bueno.
No tratar de complacer a todo el mundo.
Aprovechar un fin de semana lluvioso
para leer una novela
desde el principio al fin.
Permanecer unos minutos
con la mente en blanco,
creando el propio tiempo psicológico.

Qué cosa sencilla
es la felicidad: un vaso
de vino, una castaña
tostada, un brasero
desvencijado, el sonido
del mar… Todo lo que se necesita para sentir
que la felicidad está aquí y ahora,
es un corazón frugal y simple.
Nikos Kazantzakis

Cuando le dedicamos toda nuestra atención
a algo, hasta una brizna de pasto se convierte
en un mundo misterioso, extraordinario,
indescriptiblemente magnífico.
Henry Miller

A veces es bueno dejar escapar las preciosas
horas del día. Porque muchas de ellas
lo son precisamente porque dejamos
que se nos escapen.

James M. Barrie

Buceemos en nuestro interior y encontremos
ese tesoro que lleva nuestro nombre.

Virginia Satir

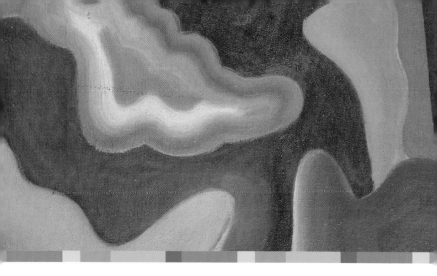

Detenerse a mirar hacia atrás, permitirse el descanso y la satisfacción dan, además, una nueva posibilidad: reunir fuerzas para el ascenso hacia la próxima cumbre.

Se trata, entonces, de un delicado equilibrio: los recuerdos que inspiran la tranquilidad del presente, la alegría de la meta conquistada y los proyectos nuevos que nos impulsan hacia adelante.

Tal vez la esencia de estar vivos sea seguir soñando siempre, imaginar otros objetivos, tener algo por qué luchar.

Pero nunca olvidemos que, por más que la vida nos desafíe todos los días y nunca debamos rendirnos en la lucha por nuestras ilusiones, existen un espacio y un tiempo únicos, preciosos para disfrutar y ser feliz.

Soñar aún más allá

Aprende del árbol y deja
caer las hojas secas
del pasado para que abonen el suelo,
donde tus raíces preparan el futuro.
René Trossero

No soy de aquellos a quienes es necesario
estimular. En todo caso, yo soy el estímulo.
Winston Churchill

Un día aprendí que los sueños son solamente
para hacerse realidad; desde aquel día
ya no duermo para descansar, duermo para soñar.
Walt Disney

Escucha el deseo
como escuchas el viento entre los árboles.
Krishnamurti

Es probable que quienes más hacen
sean quienes más sueñan.
Stephen Leacock

La peor bancarrota que existe es la del hombre
que ha perdido su entusiasmo.
Eugenio D´Ors

La mente ve una ilusión maravillosa y piensa en
ella, la desea, no hace más que soñar
con ella; su anhelo de más y más es interminable.

Sai Baba

Todos buscamos algo
mejor en la vida.
El movimiento primordial
de nuestra existencia nos encamina
en la búsqueda de la felicidad.

Dalai Lama

Después de escalar una montaña muy alta,
descubrimos que hay muchas otras montañas
por escalar.

Nelson Mandela

Todos los que han hecho historia, han soñado
mientras trabajaban.
Giovanni Battista Guarini

A veces tememos abandonar

las certezas y abrirnos a lo que vendrá.

Pero correr el riesgo permite acceder

a lo desconocido, aprender

y encontrar nuevos caminos.

Para entender el corazón y la mente
de una persona, no mires lo que ya ha logrado
sino aquello que todavía aspira a hacer.
Khalil Gibran

Sólo cerrando las puertas detrás
de uno se abren las ventanas hacia el porvenir.
Françoise Sagan

El que está acostumbrado a viajar sabe
que siempre es necesario volver a partir un día.
Paulo Coelho

El mundo es redondo y puede que el lugar
que parece el fin sea sólo el principio.
Ivy Baker Priest

El éxito no tiene fin. Lo que hayamos logrado hoy es un comienzo, no una culminación. ¿Es que no hay barreras a superar dentro de nosotros? Removamos una barrera y llegará un éxito mayor. Dado que cada éxito nos eleva y crea otra barrera, ¿dónde puede estar el límite?

Frederick Harmon

No dejes para mañana lo que puedes hacer hoy...

- Relájate.
- Ríe más a menudo.
- Haz una caminata.
- Aprende a pedir ayuda.
- Practica algún deporte.
- Da un paseo con tus hijos.
- Termina un proyecto personal.
- Hazte un regalo.
- Dedícate a un hobby.
- Prepara un viaje con tu pareja.
- Respira profundo.
- Y no te olvides de seguir soñando más...

Obras reproducidas

Págs. 6 y 29: *Vista del Gazebo*, Hamish MacEwan. 1993.

Págs. 8 Y 10: *Paisaje del margen Nº 4*, Hamish MacEwan. 1990.

Pág. 12: *Heliocéntrico*, Mildred Thompson. 1994.

Págs. 15 y 16: *Mathew Nº 12*, Sherri Silverman. 1990.

Pág. 18: *Música de las esferas: Venus*, Mildred Thompson. 1996.

Pág. 20: *Café*, Diana Ong. 1996.

Pág. 22: *Quinto día II*, Carolina Santori.

Págs. 25 y 32: *Composición en punto*, Diana Ong.

Pág. 27: *Paisaje de parque Nº 2*, Hamish MacEwan. 1996.

Pág. 30: *Procesión*, Gil Mayers. 1997.

Pág. 33: *Ilusión de montaña*, George Zoretich Steidle. 1964.

Págs. 34 y 41: *Abstracto Nº 10*, Marilee Whitehouse-Holm.

Pág. 36: *Shiva*, Sherri Silverman. 1988.

Pág. 38: *Mysterium*, Sherri Silverman.

Pág. 42: *Suburbio a orillas del mar*, Hamish MacEwan.

Pág. 44: *Inframundo*, Tricia Gillman. 1993.

OTROS LIBROS PARA REGALAR

**Por qué
te quiero**

**Todo
es posible**

**La maravilla
de la amistad**

**Nunca
te rindas**

**Un regalo
para mi madre**

**Para el hombre
de mi vida**

**Confía
en ti**

**Por nuestra
amistad**

**Una pausa
para el espíritu**